AF502381

NOTICE

DES

PRINCIPAUX ARTICLES

DE LA BIBLIOTHEQUE

DE FEU M. LE SÉNATEUR

COMTE DE BOUGAINVILLE;

*Dont la vente se fera le lundi 9 décembre 1811,
et jours suivans, à cinq heures de relevée, en
son hôtel, passage des Petits-Pères, n° 5.*

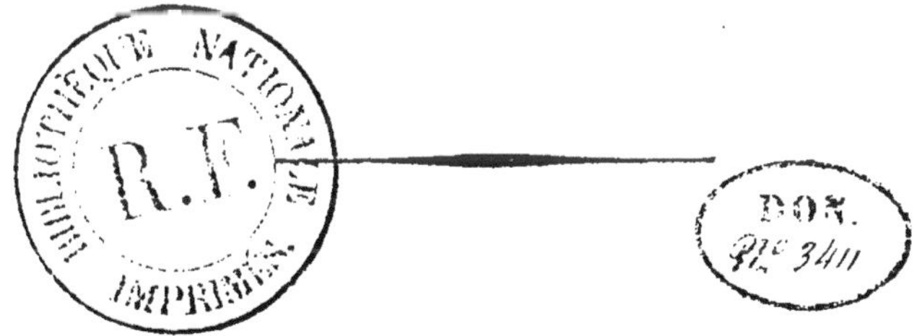

Se distribue A PARIS,

Chez MM. { DE BURE père et fils, Libraires de la Bibliothèque impériale, rue Serpente, n° 7.
SERREAU, Commissaire-priseur, quai d'Alen-
çon, n° 11.

DE L'IMPRIMERIE DE CRAPELET.

1811.

AVERTISSEMENT.

Le peu de temps que nous avons eu pour
faire la vente de M. de Bougainville, ne nous
a permis que d'en publier une Notice par numéros d'inventaire. Nous aurions desiré pou-
voir en disposer le Catalogue par ordre de ma-
tières, parce que l'on y eût vu une suite assez
nombreuse de voyages modernes qui se trou-
vent séparés dans les différens numéros.

On sera peut-être étonné de ne point trou-
ver chez M. de Bougainville une bibliothèque
plus considérable que celle que nous avons à
vendre aujourd'hui ; lui qui étoit connu depuis long-temps parmi les amateurs de livres,
par son goût pour la littérature et la belle
conservation des livres ; car ce fut lui qui fit
relier le premier des anciens livres, sans les
rogner une seconde fois, et qui mit en usage
ce genre de reliure que l'on a appelé depuis
et que l'on appelle encore reliure à la Bougainville. Il s'étoit défait, comme beaucoup
de personnes, dans le commencement de la
révolution, du beau cabinet qu'il avoit formé
et qui n'étoit composé que des meilleurs livres
et des reliures les plus élégantes et les plus

A

soignées. La partie des voyages étoit toujours l'une de celles qui l'avoit le plus intéressé. On y remarquoit entre autres, le troisième voyage du capitaine Cook, relié en veau noir avec des larmes et autres ornemens en argent, pour marquer le regret qu'il avoit de la mort de ce célèbre navigateur, qui avoit péri dans ce troisième voyage, et que M. de Bougainville avoit lui-même précédé avec le plus grand succès dans ces périlleuses expéditions.

traitt m. Le chevalier.

p.
Le tellier.

Delano

Le tellier

NOTICE

DES PRINCIPAUX ARTICLES

DE LA BIBLIOTHÈQUE

DE FEU M. LE SÉNATEUR

COMTE DE BOUGAINVILLE.

N°. I. 39 *vol. in-8.\ in-12. et in-18. dont,*

Traité élémentaire d'Astronomie physique,
par Biot. *Paris,* 1810, 3 *vol. in-8. br.*

Cornelius Nepos. *Glasguæ,* 1749, 1 *vol. pet.*
in-12. m. r.

Catullus, Tibullus et Propertius. *Antu. Plan-*
tin, 1560, *in-18. v. f.*

Contes amoureux, par madame Jeanne Flore.
Lyon, 1 *vol. pet. in-8. v. m. fig. en bois.*

Atlas maritime de France, par Bonne. *Paris,*
1 *vol. in-18. dem. rel.*

N°. II. 49 *vol. in-8. et in-12. dont,*

Ciceronis Opera, edente Lallemand. *Parisiis,*
Barbou, 1768, 14 *vol. in-12. v. m.*

Les Poésies d'Anacréon et de Sapho, en grec

et en françois, trad. par madame Dacier. *Amst.* 1699, *in-12. v. f.*

4. _4o Dictionnaire des Synonymes de la Langue françoise. *Paris*, 1801, 3 *vol. in-12. bas.*

1 _7o. Epicteti Enchiridion gr. et lat. ed. Upton. *Glasguæ*, 1775, *in-12. bas.*

2 _5 Regole Grammaticali della volgar Lingua, di Fr. Fortunio. *Venetia, Aldo,* 1545, *pet. in-8. v. m.*

2 _4o. Les Hipotiposes de Sextus Empiricus, trad. du grec. 1725, *in-12. v. f.*

2 _3o. L'Iliade d'Homère, trad. en vers allemands, par Stolberg. *Leipsich,* 1793, 2 *vol. in-8. bas.*

4o --- Titi Livii Historiæ, edente Lallemand. *Parisiis, Barbou,* 1775, 7 *vol. in-12. v. m.*

3 _6o. Sallustii Opera. *Parisiis,* 1744, *in-12. v. éc.*

3 _1o. Q. Curtius Rufus. *Parisiis, Barbou,* 1757, *in-12. dem. rel.*

3 _8o L'Histoire de Thucydide, trad. par Perrot d'Ablancourt. *Amst.* 1713, 3 *vol. in-12. v. éc.*

7 --- Hesiodi Opera gr. et lat. *Basileæ,* 1544, *in-8. mar. r.*

6 --- Commentaires de César, en lat. et en franç. publ. par de Wailly. *Paris, Barbou,* 1788, 2 *vol. in-12. bas.*

11 _95. Picturesque antiquities of Scotland, by Cardonnel. *London,* 1788, *in-8. fig. m. r.*

N° III. 23 *vol. in-8. dont,*

D. 13 _95 Pomponius Mela, en lat. et en franç. trad. par Fradin. *Paris,* 1804, 3 *vol. cart.*

p.

Arnaud.

noel.

p.

p.

noel.

~~caillur~~ p

p.

Cordier.

gregoire

noel.

Arnaud.

cuvieur. Bar. / il n'est pas vogue

Mela. ins.

claudien. lus.

Bossuet. ellee.

Noel.

Le tellier.

Noel.

le meme

simonnet

P.

La bitte

P.
Le Roi.

P.

gregoire.

Histoire naturelle des Animaux , en lat. et en franç. trad. de Pline par M. Gueroult. *Paris,* 1802, 3 *vol. bas.*

Œuvres de Claudien, en lat. et en franç. *Paris,* *l'an VI, 2 vol. bas.*

Marci Manilii Astronomicon , cum vers. gallica Al. G. Pingré. *Parisiis,* 1786, 2 *vol. v. f.*

Discours sur l'Histoire universelle, par Bossuet. *Paris,* 1802 , *dem. rel.*

Satires de Juvénal, en lat. et en franç. trad. par Dusaulx. *Paris ,* 1770 , *v. éc.*

De la Corrélation des figures de Géométrie, et Principes de l'équilibre et du mouvement , par Carnot. *Paris,* 1801 *et* 1803, 2 *vol. bas.*

Dictionnaire classique de Géographie ancienne. *Paris,* 1768 , *bas.*

N° IV. 31 *vol. in-8. et in-12. dont ,*

Essai de Statique chimique , par M. Berthollet. *Paris,* 1803 , 2 *vol. in-8. bas.*

Mémoires de Chimie, par Lavoisier. 2 *vol.* *in-8. dem. rel.*

Abrégé de l'Histoire des traités de paix, par Koch. *Basle,* 1796 , 4 *vol. in-8. dem. rel.*

Politique des Cabinets de l'Europe, par M. de Ségur. *Paris,* 1801 , 2 *vol. in-8. dem. rel.*

Moyens d'amélioration pour les Colonies, par M. Charpentier Cossigny. *Paris,* 1803 , 3 *vol. in-8. bas.*

Elémens d'Histoire militaire, par Chantreau. *Paris ,* 1806 , *in-8. bas.*

2 .. 9 5   Manuel vétérinaire des Plantes. *Paris*, 1801,
in-8. *bas.*

3 .. 15.   Tom Jones, trad. par Chéron. *Paris*, 1804,
6 *vol. in-12. br.*

N° V. 42 *vol. in-8. et in-12. dont*,

2 .. 9 5.   De la Défense des places fortes, par M. Carnot. *Paris*, 1811, *in-8. br.*

1 .. 50 ·   Etude du Ciel, par Mollet. *Lyon*, 1803,
in-8. br.

3 ----   L'Art de procréer les sexes à volonté. *Paris*,
in-8. bas.

4 _ 5 5 ·   Virgilius. *Londini, Tonson*, 1715, 1 *tom. en*
3 *vol. in-12. v. f.*

3 .. 2 5·   Lucretius. *Londini, Tonson*, 1713, 1 *tom. en*
2 *vol. in-12. v. f.*

4 .. 3 5   Vanierii prædium rusticum. *Tolosæ*, 1730,
in-12. fig. v. f.

5 - 9 5   Hippocratis Aphorismi, gr. et lat. ed. Bosquil-
lon. *Parisiis*, 1784, 2 *vol. in-18. cart.*

3 . —   Justini Historiæ. *Londini, Tonson*, 1713,
in-12. m. r.

4 .. 50   Histoire critique de la Philosophie, par Des-
landes. *Amst.* 1737, 4 *vol. in-12. v. éc.*

2 .. 50 · Juvenalis et Persii Satyræ. *Londini, Tonson*,
1716, *in-12. v. m.*

5 .. 5   Catullus, Tibullus et Propertius. *Parisiis*,
Barbou, 1754, *in-12. v. m.*

2 .. 50 · Frontini Strategemata, edente Valart. *Lute-*
tiæ, 1763, *in-12. v. j.*

p.   avec les autres volumes.

p.   1 vol-pourri   tom jones. Bou et

Dàbin
noel.
Suroine
La bitte

p.

p.

Le tellier.

le meme

p.

La bitte

noel

p.

gregoire

p.

Le tellier

Simonnet.

Le tellier.

noel.

Le tellier

Delan

p.

p.

La ditte.

le huiss. m. de sac. n.t revue du imparfait de deux
planches et le titres.
revolutions. ch. Mor.

Martialis Epigrammata. *Parisiis , Barbou ,* 8 .
1754, 2 *vol. in*-12. *v. m.*

Plinii Epistolæ, et Panegyricus, ed. Lallemand. 5 - -2o .
Parisiis , Barbou , 1769, *in*-12. *v. m.*

Fr. Jos. Desbillons Fabulæ Æsopicæ. *Parisiis ,* 5 - - 5 -
Barbou , 1759, *in*-12. *m. r.*

Longi Pastoralia , gr. ed. Dutens. *Parisiis ,* 1o . .95 .
1776. = Daphnis et Chloé , trad. en franç.
par Amyot. 1731, 2 *tom. en* 1 *vol. in*-12. *m. bl.*

Virgilii Opera. *Parisiis , Barbou ,* 1754, 3 *vol.* 13 - 5 .
in-12. *v. m.*

P. Ovidii Nasonis Opera. *Parisiis , Barbou ,* 15 9 5 .
1762 , 3 *vol. in*-12. *v. m.*

Les Comédies de Térence , en lat. et en franç. 7 - -65 -
trad. par madame Dacier. *Amst.* 1747, 3 *vol.*
in-12. *fig. v. m.*

Velleius Paterculus , accurante Philippe. *Pa-* 5 - - 2o .
risiis, 1746 , *in*-12. *m. cit.*

Cornelius Nepos. *Glasguæ,* 1777, *in*-12. *m. r.* 7 - -75 .

N° VI. 26 *vol. in*-8. *et in*-12. *dont ,*

Les Bucoliques de Virgile , trad. en vers fran- 2 - -55 .
çois, avec le texte en regard , par M. Firmin
Didot. *Paris ,* 1806 , *in* 8. *v. rac.*

Œuvres de Maupertuis. *Lyon ,* 1768 , 4 *vol.* 3 - - 5 .
in-8. *v. m.*

De Ludis orientalibus , auct. Th. Hyde. *Oxon.* 12 .
1694, 2 *vol. in*-12. *m. bl. fig.* - - - - - - - 8 .

Révolutions romaines , par de Vertot. *Paris ,*
1786, 3 *vol. in*-12. *bas.*

Amours de Théagènes et Chariclée , trad. du grec. *Londres*, (*Paris, Coustellier,*) 1743, 2 *vol. in-*12. *fig. m. cit.*

— Tibère, ou les six premiers livres des Annales de Tacite , trad. par de La Bleterie. *Paris*, 1768, 3 *vol. in-*12. *fig. v. porph.*

— Discours historiques sur Tacite , par Gordon. *Amst.* 1751 , 3 *vol. in-*12. *v. éc.*

N° VII. 44 *vol. in-*8. *et in–*12. *dont,*

Histoire de la mer du Sud , par de La Borde. *Paris*, 1791, 3 *vol. in-*8. *dem. rel.*

Dictionnaire historique. *Caen*, 1789, 9 *vol. in-*8. *bas.*

— Mémoires pour servir à l'histoire de la religion secrète des anciens peuples, par de Sainte-Croix. *Paris*, 1784, *in-*8. *v. m.*

The Works of Alexander Pope. *Edinburgh*, 1764, 9 *vol. in-*12. *v. j.*

Poesie di Metastasio. *In Genova*, 1772, 1 *vol. in-*12. *vél.*

N° VIII. 34 *vol. in-*8. *et in–*12. *dont,*

Méthode latine de Port-Royal. *Paris*, 1738, *in-*8. *v. b.*

Notice des Ouvrages de d'Anville. *Paris*, 1802, *in-*8. *v. r. Gr. Pap.*

Collection de Voyages anciens et modernes, autour du monde. *Paris*, 1808, 2 *vol. in-*8. *br.*

De la Défense des places fortes, par Carnot. *Paris*, 1810, *in-*8. *br. avec 4 vol. in* 12.

Brunard.

P.

P.

pichard.

Marie L'ainé.

Brunard.   Complettes en 11 Vol.

Martin

Brunard.

            gardé par m. de Bougainville

Caillot

histoire. Ins.

Memoires. Ins. Barr. 6.-50

Complettes en 11 Vol.

Lettres. lus.

La Ditte.

le même.

pichard.

le même

Cailleau

Le Clerc.

Simonnet.

allais.

fruchy.

allais.

La Ditte.

(9)

Lettres de madame de Pompadour. *Paris,*
1811, 4 *vol. in-*12. *br.*

N° IX. 27 *vol. in-*4. *dont,*

Géométrie de Position, par M. Carnot. *Paris,*
1803, *fig. cart.*

Mécanique philosophique, par M. Prony. *Pa-*
ris, l'an VIII, *cart.*

Traité de Mécanique céleste, par M. de La
Place. *Paris, l'an* VIII, 4 *vol. cart.*

Théorie des Fonctions analytiques, par M. de
La Grange. *Paris, l'an* V, *cart.*

Dictionnaire des Animaux, par (La Chenaye
des Bois.) *Paris,* 1759, 4 *vol. v. m.*

Histoire naturelle des Cétacées, par M. de La
Cépède. *Paris, l'an* XII, *fig. cart.*

Traité de Géodésie, par Puissant. *Paris,* 1805,
fig. br.

Histoire céleste françoise, par de La Lande.
Paris, 1801, *cart. le tome* 1er.

Histoire de la mesure du Temps par les hor-
loges, par Ferd. Berthoud. *Paris,* 1802,
2 *vol. fig. cart.*

Tables astronomiques du Bureau des longi-
tudes. *Paris,* 1806, *br. tome* 1er.

Dictionnaire de Mathématiques de l'Encyclo-
pédie méthod. *Paris,* 1784, 4 *vol. fig. cart.*

N° X. 26 *vol. in-*4.

Collection des Mémoires de l'Institut, et Base

du Système métrique. *Paris, l'an VI et an-nées suiv.* 26 *vol. cart.*

N° XI. 45 *vol. in-4. in-8. et in-12. dont,*

210-5. Nouveau Dictionnaire d'Histoire naturelle. *Paris, 1803, 24 vol. in-8. fig. v. m.*

2-60 Traité sur le Commerce de la mer Noire, par Peyssonnel. *Paris, 1787, 2 vol. in-8. v. j.*

6-50 Achillis Bocchii emblem. *Bononiæ, 1555, in-4. fig. v. m.*

2--- Traité de Fortification, par de Saint-Paul. *Paris, 2 vol. in-8. fig. br.*

N° XII. 30 *vol. in-4. dont,*

24-- Philosophiæ naturalis principia Mathematica, auct. Newtono. *Genev.* 1739, 3 *vol. fig. v. m.*

4--- Principes mathématiques de la Philosophie naturelle, par madame du Chastelet. *Paris,* 1759, 2 *vol. fig. v. m.*

6-5. Exposition des Découvertes philosophiques de Newton, par Maclaurin. *Paris,* 1749, *v. m.*
La Chronologie des anciens Royaumes, par Newton, avec la défense par Fréret. *Paris,* 1728 *et* 1758, 2 *vol. v. b.*

2--- Traité des sections coniques, par de l'Hospital. *Paris,* 1720, *fig. v. m.*

6--- Cométographie, ou Traité des Comètes, par Pingré. *Paris,* 1783, 2 *vol. v. m.*

1-50. Poëme de Pétrone sur la Guerre civile, entre César et Pompée, en lat. et en françois. *Londres,* 1737, *v. m.*

Le tellier.

La hitte

Simonnet.   imparfait, déchiré.   traité. Marr. 18

Barrois aîné.
Brunated.   philosophie. Marr. 33

                   exposition marques les planches
Crozet.

p.

Le chevalier.

p.

p -

truchy.

La Ditte.

gregoire.

pillet.

martin

terrier. Cham. ye.

M.c De Chambray.

Le tellier.

p.

Suetone. eMee. Ins.

nod.

Histoire navale d'Angleterre, par Th. Lédiard,   *8 . -- 95*
trad. de l'anglois. *Lyon*, 1751, 3 *vol. v. éc.*
Gr. Pap.

Histoire de l'Astronomie, ancienne, moderne   *50 .*
et indienne, par Bailly. *Paris*, 1781 , 5 *vol.*
fig. bas.

Vocabulaire des Termes de marine , anglois et   *3 .*
françois. *Paris*, 1777 , *fig. v. m.*

La Méridienne de l'Observatoire de Paris. *Pa-*   *7 . 95 . 9*
ris, 1744 , *v. m.*

Méthodes analyt. pour la détermination d'un
arc du Méridien , par M. Delambre. *Paris*,
l'an VII , fig. bas.

Astronomie physique, par de Gamaches. *Paris*,   *6 - 95 .*
1740 , *fig. v. f.*

Tables trigonométriques décimales, par M. Delambre. *Paris, l'an IX, cart.*

Bibliographie astronomique , par de La Lande.   *7 -- 5 .*
Paris, 1803 , *cart.*

Cours élémentaire de Tactique navale , par Au-   *4 .*
dibert Ramatuelle. *Paris*, 1802 , *fig. v. rac.*

N° XIII. 33 *vol. in-8. et in-12. dont ,*

Les Vies des Pères des déserts. *Amst.* 1714,   *36 .*
. 4 *vol. pet. in-8. fig. v. éc. l. r.*

Œuvres de Fontenelle. *Paris*, 1766, 11 *vol.*   *17 . 20 .*
in-12. fig. bas.

Mélanges législatifs, histor. et polit. par Félix   *1 -- 75 .*
Faulcon. *Paris*, 1801 , 3 *vol. in-8. cart.*

Les douze Césars de Suétone, trad. par La   *14 -- 95 .*
Harpe. *Paris*, 1805 , 2 *vol. in-8. fig. cart.*

Le même ouvrage, traduit par Maurice Lé-
vesque. *Paris*, 1808 , 2 *vol. in-8. cart.*

N° XIV. 35 *vol. in-8. dont,*

Œuvres complètes de Bitaubé. *Paris*, 1804,
9 *vol. cart.*

Les Elémens de Géométrie d'Euclide, trad. par
M. Peyrard. *Paris*, 1804, *fig. cart.*

Œuvres complètes de Montesquieu. *Basle,*
1799, 8 *vol. v. m.*

Traité d'Anatomie et de Physiologie végétales,
par Mirbel. *Paris, l'an* x, 2 *vol. v. rac.*

N° XV. 35 *vol. in-8. dont,*

The Laws, Ordinances, and Institutions of the
admiralty of Great-Britain. *London*, 1767,
2 *vol. v. j.*

A Treatise of Affairs maritime, and of Commerce, by Ch. Molloy. *Lond.* 1769, 2 *vol. v. j.*

Elémens d'algèbre, par Clairaut. *Paris*, 1797,
2 *vol. br.*

Traité de Navigation, par Bouguer. *Paris,*
1760, *fig. bas.*

Ant. Laur. de Jussieu genera Plantarum. *Parisiis*, 1789, *br.*

Dictionnaire de la Prononciation angloise. *Paris*, 1781 , *bas.*

Traité des Accouchemens, par Millot. *Paris ,*
1809, 2 *vol. fig. cart.*

Recherches sur la fabrication de la Poudre à

Le clerc.

gregoire.

Le clerc

Brunard.

Deschamps.

treatise. C.

P.

P.

Le tellier

Brunard.

gregoire

Délices. ye
Beautés. ye.

Brunaud.

Brunaud.

p.

p.

Serreau

p.

p.

Le clerc.

noel.

p.

canon, par Charpentier-Cossigny. *Paris*, 1807, *br. Pap. Vél.*

Essais sur la Végétation, par M. Dupetit-Thouars. *Paris*, 1809, *cart. Pap. Vél.*

Les Délices de la Vie champêtre, par M. Vernier. *Paris*, 1808, *cart. Pap. Vél.*

Les Beautés poétiques d'Young, en angl. et en franç. *Paris*, 1804, *cart.*

Traité de physique, par M. Haüy. *Paris*, 1803, 2 *vol. fig. cart.*

L'Angleterre en 1800. *Paris*, 1801, 2 *vol.* dem. *rel.*

N° XVI. 41 *vol. in-*12. *dont,*

Traité des plaies d'armes à feu, par Ravaton. *Paris*, 1750, *m. r.*

Lettres de quelques Juifs portugais à M. de Voltaire, par Guenée. *Paris*, 1776, 3 *vol. v. m.*

Les Amours de Catulle, par de La Chapelle. *Paris*, 1713, 5 *vol. v. b.*

Recueil de chansons, avec les airs notés. *La Haye*, 1731, 20 *vol. v. m.*

N° XVII. 61 *vol. in-*12. *dont,*

Histoire naturelle de Buffon. *Paris*, *imprim. royale*, 1752, 56 *vol. fig. v. m.*

Dissertation physique à l'occasion du Nègre blanc. *Leyde*, 1744, *v. f.*

N° XVIII. 42 *vol. in-*8. *et in-*12. *dont,*

Mémoires historiques et littéraires, par Amelot de La Houssaye. *Amst.* 1737, 3 *vol. in-12. v. b.*

Géographie ancienne, par d'Anville. *Paris,* 1768, 3 *vol. in-12. fig. bas.*

Géographie moderne, par Nicolle de La Croix. *Paris,* 1786, 2 *vol. in-12. bas.*

Abrégé chronologique de l'histoire des Empereurs. *Paris,* 1754, 2 *vol. pet. in-8. bas.*
Abrégé de l'histoire romaine. *Paris,* 1756, *pet. in 8. v. m.*

Abrégé de l'histoire du Nord. *Paris,* 1762, 2 *vol. pet. in-8. v. m.*

Abrégé de l'histoire et du droit public d'Allemagne. *Paris,* 1766, 2 *vol. pet. in-8. v. f.*

Dictionnaire d'histoire naturelle, par Valmont de Bomare. *Paris,* 1764, 5 *vol. pet. in-8. v. j.*

Vies des empereurs Julien et Jovien, par de La Bleterie. *Paris,* 1775, 2 *vol. in-12. bas.*

N° XIX. 34 *vol. in-12. dont,*

Silius Italicus, en lat. et en franç. trad. par Le Febure de Villebrune. *Paris,* 1781, 3 *vol. bas.*

Ammien Marcellin, trad. en françois. *Berlin,* 1775, 3 *vol. v. m.*

Lucien, trad. par Perrot d'Ablancourt. *Amst.* 1709, 2 *vol. fig. v. j.*

Histoire des Juifs, par Basnage. *Rotterdam,* 1707, 6 *vol. v. j.*

Histoire des Juifs, trad. du grec, par Arnauld d'Andilly. *Paris,* 1706, 3 *vol. m. cit.*

Martin

P.

Simonnet.

Delau

P.

Brunaud.

Caillau

Romaine et empereur 3 vol. Bear.
7-50

Silius. ye
ammien ye

Lucien. ye.

vie. lus.

Brunau.

noel.

Crozet.

La Loy.

Benezet

noel.

Brunaud.

p.

gregoire.

p.

Le clerc.

Explication des Fables , par Banier. *Paris ,* 4.
1742, 3 *vol. v. m.*

La Cyropédie , trad. de Xénophon, par Char- 2 -- 55.
pentier. *Paris ,* 1775, 2 *vol. v. m.*

Les Histoires d'Hérodote , trad. en franç. par 3 -- 60.
du Ryer. *Paris ,* 1713, 3 *vol. fig. v. b.*

Vie d'Apollonius de Tyane , par Philostrate , 15.
trad. en franç. *Amst.* 1779, 4 *vol. v. m.*

N° XX. 44 *vol. in-8. et in-12. dont,*

Histoire de Cicéron , par l'abbé Prévost. *Pa-* 9 -- 95.
ris, 1749, 4 *vol. in-12. v. j.*

De la Manière d'apprendre les langues, par 1 - 50.
Radonvilliers. *Paris ,* 1768, *in-8. v. m.*

Sulpitii Severi Opera , cum notis var. *Lugd.* 2 -
Bat. 1647, *in-8. vél.*

Leçons élémentaires d'Astronomie, par de La
Caille. *Paris,* 1764, *in-8. fig. v. m.* } 2 - 25.
Théorie des Courbes du second degré, par
Boucharlat. *Paris,* 1807, *in-8. v. porph.*

Leçons de Navigation, par Dulague. *Rouen,* 1 -- 80.
1784, *in-8. fig. dem. rel.*

Traités du Calcul différentiel et du Calcul in-
tégral, trad. de l'italien de mademoiselle } 2
Agnesi. *Paris,* 1775, *in-8. fig. bas.*

Nouvelle Voilure pour les vaisseaux de toutes
grandeurs, par David Le Roy. *Paris, l'an*
x, *in-8. fig. br.*

Méthode pour étudier l'Histoire, par Lenglet 7.
Dufresnoy. *Paris,* 1735, 12 *vol. in-12. v. m.*

N° XXI. 33 *vol. in-fol. et in-4. dont,*

Médailles de Louis xv. *In-fol. fig. v. m.*
La France métallique, par de Bie. *Paris,* 1636,
in-fol. fig. v. f.

Abrégé du Dictionnaire de Trévoux. *Paris,*
1762, 3 *vol. in-4. v. m.*

Dictionnaire de l'Académie françoise. *Paris,*
l'an VII, 2 *vol. in-4. bas.*

Dictionnaire françois, anglois, par Boyer.
Lyon, 1792, 2 *vol. in-4. bas.*

De l'Esprit, par Helvétius. *Paris,* 1758, *in-4.*
v. m. Exempl. sans cartons. *voyez pag 459.*
Signaux généraux des Armées françoises. *Paris, l'an VII, in-4. br.*

Histoire des grands Chemins de l'Empire romain, par Bergier. *Bruxelles,* 1728, 2 *vol. in-4. fig. v. b.*

Pausanias, ou Voyage historique de la Grèce, trad. par Gedoyn. *Paris,* 1731, 2 *vol. in-4. fig. v. m.*

Traité de Méchanique, par l'abbé Marie. *Paris,* 1774, *in-4. fig. cart.*
Mémoires de Duguay-Trouin. 1740, *in-4. v. f.*

Médailles du règne de Louis le Grand. *Paris,* 1702, *in-4. fig. v. f.*

Abrégé chronologique de l'Histoire de France, par le prés. Hénault. *Paris,* 1768, 2 *vol. in-4. cart.*

Notices des Manuscrits de la bibliothèque du Roi. *Paris, in-4. fig. cart. les tomes* 5, 6, 7 et 8.

2 vol. Zodiaque par Dupuis, et inscript. de Poictz par ancilhon.

p.

p.

p.

Wardsainé.

Surosne

Loyseau

Le tellier.

noel.

Surosne

p.

abrege. Bav. p. leptg. de
cochin y sont.

notices. C.

a general. lus.

great. lus.

Brunard.
Le clerc.
gonjon

P.
P.
pigoreau
pigoreau
pigoreau
Idem
Marchand.
gregoire

N° XXII. 11 *vol. in-fol. atlant. et cartes
géographiques en feuilles, dont,*

A general Topography of North America, by
Th. Jefferys. *London,* 1768, 1 *vol. dem. rel.*
L'Hydrographie françoise. 2 *vol. fig. rel. en
peau.*
Atlas historique, par Le Sage. 1 *vol. dem. rel.*
Carte de la Guyenne, *en* 37 *feuilles in-fol.*
dans un portefeuille.
Great Britain's coasting pilot. *London,* 1764,
1 *vol. v. j.*

N° XXIII. 41 *vol. in-8. dont,*

Voyage en Chine, par Macartney. *Paris,*
1804, 5 *vol. dem. rel. et atlas in-4. oart.*
Voygae en Chine, par Holmes. *Paris,* 1805,
2 *vol. fig. cart.*
Voyage dans l'Amérique septentrionale, par
Chastellux. *Paris,* 1786, 2 *vol. dem. rel.*
Voyage à l'île de Ceylan, par Percival. *Paris,*
1803, 2 *vol. dem. rel.*
Voyage au Bengale, par Charpentier Cossigny.
Paris, l'an VII, 2 *vol. dem. rel.*
Voyage de la Chine à la côte nord-ouest d'A-
mérique, par Meares. *Paris, l'an* III,
3 *vol. et atlas, dem. rel.*
Voyage à Madagascar, par Rochon. *Paris,*
l'an x, 3 *vol. dem. rel.*
Voyage sur les rives du Rhin, à Liége, etc.
Paris, l'an III, 2 *vol. dem. rel.*

B

9--50 Voyage au Canada , par Weld. *Paris, l'an* XI, 3 *vol. dem. rel.*

7..60 Voyage dans l'Amérique septentrionale , par Mackensie. *Paris*, 1802, 3 *vol. dem. rel.*

6--60 . Voyage dans le nord de la Russie asiatique , par Billings. *Paris*, 1802, 2 *vol. dem. rel. et atlas in-4. br.*

4--5. Voyage dans la baie de Hudson , par Hearne. *Paris, l'an* VII, 2 *vol. dem. rel.*

N° XXIV. 42 *vol. in-8. dont,*

3.-- Fragmens d'un Voyage en Afrique, par Golberry. *Paris*, 1802, 2 *vol. fig. dem. rel.*

18--5. Second Voyage en Afrique, par Le Vaillant. *Paris, l'an* III, 3 *vol. fig. dem. rel.*

4---5. Voyage en Afrique, par Ledyard et Lucas. *Paris*, 1804, 2 *vol. fig. dem. rel.*

29 --- Voyage d'Anacharsis en Grèce, par Barthelemy. *Paris*, 1788, 7 *vol. dem. rel. et atlas.*

31--95. Voyage de Pallas en Russie. *Paris, l'an* II, 8 *vol. v. rac. et atlas id.*

8--50 Lettres sur la Sicile, par le comte de Borch. *Turin*, 1782, 2 *vol. fig. v. j.*

2.-- Voyage dans les Etats-Unis d'Amérique, par Smith. *Paris*, 1791, 2 *vol. dem. rel.*

15--95 Collection des Portraits des Grands-Aigles de la Légion d'honneur, par Meyer. 1810, *n*^os 1 à 5, *br.*

23..60. Voyage de Mungo-Park en Afrique. *Paris, l'an* VIII, 2 *vol. fig. v. rac. Gr. Pap. Vél.*

Weld. lns.

Serreau

Marchand.

pigorreau.

pigorreau
Le tellier.
marchand.
La hitte.
la hitte

pigorreau

Lettres. lns.

Simonnet.

jansen. lus.   pigorcau

                                          p.

                                          marchand

                                          marchand.

                                          pigorcau

White. lus.   p.

                                          p.

Carr. lus.
Broughton. lus.

                                          nod.

                                          p

Voyage en France , Suisse, etc. par John
Moore. *Paris , 1806, 2 vol. cart.*

Voyage dans l'Inde, trad. par de Grandpré.
Paris, 1803, 2 vol. dem. rel.

Voyage dans l'archipel des Moluques, trad. du
hollandois, par M. Jansen. *Paris, 1805,
3 vol. cart.*

Voyage dans les isles des mers d'Afrique, par
Bory Saint - Vincent. *Paris, 1804, 3 vol.
cart. et atlas in-4.*

Voyage dans la Haute et Basse-Egypte, par
Browne. *Paris, 1800, 2 vol. fig. dem. rel.*

N° XXV. 32 *vol. in-8. dont,*

Tableau du climat des Etats-Unis d'Amérique,
par M. Volney. *Paris, 1803, 2 vol. cart.*

Voyage à Botany-Bay, par White. *Paris, 1795,
1 vol. dem. rel.*

Ambassade au Thibet et au Boutan, par Tur-
ner. *Paris, 1800, 2 vol. dem. rel. et atlas
in-4. br.*

Voyage en Hollande, par Carr. *Paris, 1809,
2 vol. cart. et atlas in-4.*

Voyage de découvertes dans l'Océan Pacifique,
par Broughton. *Paris, 1807, 2 vol. cart.*

Voyage de Platon en Italie, trad. de l'italien,
par Barère. *Paris, 1807, 3 vol. cart.*

Collection des Voyages de Cook. *Paris, 1774
et ann. suiv. 16 vol. v. m. et atlas 3 vol. in-4.*

N° XXVI. 24 *vol. in-4. dont,*

4 — 95. Voyage dans la mer du Sud, par Frezier. *Paris*, 1732, 1 *vol. fig. v. m.*

15. Voyage en différentes parties du monde, par Fleurieu. *Paris*, 1773, 2 *vol. fig. v. m.*

8 — 55. Voyage en diverses parties de l'Europe, par Verdun, Borda et Pingré. *Paris*, 1778, 2 *vol. fig. v. f.*

6 — Voyage dans l'Amérique septentrionale, par Chabert. *Paris*, 1753, 1 *vol. bas.*
Voyage à l'Equateur, par La Condamine. *Paris*, 1751, 1 *vol. fig. v. j,* et mesure du méridien

15 — 95 La Figure de la Terre, par Bouguer. *Paris*, 1749, 1 *vol. v. j.*

4 — 5. Journal du Voyage de M. de Courtanvaux. *Paris*, 1768, 1 *vol. bas.*

43 — 10. Relacion historica del Viage a la America meridional, hecho por D. G. Juan, y Don Ant. de Ulloa. *Madrid*, 1748, 5 *tom. en* 3 *vol. pet. in-fol. fig. v. m.*

6 — Traité des édifices, meubles, etc. des Chinois, par Chambers. *Paris*, 1776, 1 *v. fig. dem. rel.*

4 — 5. Voyage autour du monde, par Anson. *Amst.* 1 *vol. fig. v. f.*

4 — 15. Essais historiques sur les Anglo-Américains, par Hilliard d'Auberteuil. *Bruxelles*, 1782, 2 *vol. bas.*

3 — 10 Découvertes des François en 1768 et 1769, dans le sud-est de la Nouvelle-Guinée, par Fleurieu. *Paris*, 1790, 1 *vol. fig. cart.*

p.

rendu du impr. de la pl. 30 -- 4 -- 5.

fleurieu. ye.

p.

Marchand.

nod.   figure. Bou. Barr. 15

th. Barrois fils. rendu imparfait de 2 planches. 15.

nod.

p.

p.

p.

decouvertes. ye.

Voyage. Ms.

Histoire. Ye.

Marchand.

p.

La Bitte

p.

p.

p.

p.

gardé pour Mr de Bougainville

- Marie L'ainé.

Voyage autour du monde , par Parkinson. *5 . . 10.*
Paris, 1797, 1 *vol. fig. dem. rel.*

Relation des isles Pelew , par Wilson. *Paris ,* *4 . 95.*
1788, 1 *vol. fig. cart.*

Histoire des Navigations aux Terres Australes, *9 . —*
par de Brosses. *Paris*, 1756 , 2 *vol. cart.*

N° XXVII. 25 *vol. in-fol. et in-4. dont,*

Voyages en Moscovie et Perse , par Olearius *16 . —5.*
et Mandelslo. *Amst.* 1727, 4 *vol. in-fol.*
fig. v. b.

Voyage d'Egypte et de Nubie, par Norden , *29 . — 5 .*
publ. par M. Langlès. *Paris*, 1795, 3 *vol.*
in-4. fig. cart.

Voyage autour du monde, par Marchand. *Pa-* *36 . — 5 .*
ris, *l'an* VI, 4 *vol. in-4. fig. cart.*

Voyage autour du monde , par La Pérouse. *58 . —5*
Paris, 1797, 4 *vol. in-4. et atlas in-fol.*
cart.

Voyage à la recherche de La Pérouse , par *73 .*
Dentrecasteaux. *Paris*, 1808, 2 *vol. in-4.*
et atlas in-fol. cart.

Voyage autour du monde, par Van Couver. *39 . —95.*
Paris, *l'an* VIII , 3 *vol. in-4. et atlas in-fol.*
cart.

Voyage de découvertes aux Terres Australes ,
en 1800 , rédigé par Péron. *Paris*, 1807 ,
2 *vol. in-4. v. rac. dent. Gr. Pap. Vél.*
fig. color.

The Voyage of Governor Philip to Botany-Bay. *36 . — 5 .*
London, 1789 , *in-4. fig. cart.*

N° XXVIII. 15 *vol. in-4. dont,*

18 - - — Voyage au Levant, par Corneille Le Bruyn. *Paris,* 1725, 5 *vol. fig. v. m.*

7⁵. - — L'Art de connoître les hommes par la physionomie, par Lavater. *Paris,* 1807, 8 *vol. en cahiers, fig.*

4. - 15 Essai sur la Géographie des Plantes, par Humboldt. *Paris,* 1807, 1 *vol. br.*

N° XXIX. 28 *vol. in-8. dont,*

13 - - — Dictionnaire de la Fable, par Noël. *Paris,* 1803, 2 *tom. en* 4 *vol. dem. rel.*

3 - - 70. Journal d'un Voyage en Allemagne, par Guibert. *Paris,* 1803, 2 *vol. dem. rel.*

14 - - 95 - Voyage de la Troade, par M. Le Chevalier. *Paris,* 1802, 3 *vol. dem. rel. et atlas in-4.*

20 - - 55. Description des Alpes, par Bourrit. *Genève,* 1781 *et* 1803, 5 *vol. fig. bas.* et dem. rel.

3 - - — Voyage dans l'empire de Maroc, par Lemprière. *Paris,* 1801, 1 *vol. fig. cart.*

11 - - 95. Voyage de deux Français, en Allemagne, Danemarck, etc. par de Fortia. *Paris,* 1796, 5 *vol. fig. bas.*

6 - - — Voyage dans les Isles Vénitiennes, par Grasset Saint-Sauveur. *Paris, an* VIII, 3 *vol. et atlas in-4. dem. rel.*

11 - - 95 Histoire des Expéditions d'Alexandre, trad. d'Arrien, par Chaussard. *Paris,* 1802, 3 *vol. dem. rel. et atlas in-4.*

prichard:

Le Clerc.

Marchand.

Noel.

Marchand.

Serreau

prichard

Noel.

La Mitte.

description. ins.
Lempriere. ins.

histoire. ye.

olivier ye

Depons. Ins.
Robin. Ins.

tableau. Ins.

histoire. Ins.
Voyage. Ins.

Marchand.

pigoreau

Serreau.

noel –

Serreau

Simonnet.

m D. St Denys.

(23)

N° XXX. 34 *vol. in-8. dont,*

Voyage à Cayenne, par Pitou. *Paris,* 1805, *4 . - 50.*
2 *vol. cart.*

Voyage en Afrique, par Hornemann. *Paris,*   *3 .*
1803, 2 *vol. dem. rel.*

Voyage au Cap-Nord, par Acerbi. *Paris,* 1804,   *11 .*
3 *vol. dem. rel.*

Voyage dans l'Empire othoman, par Olivier.
Paris, an IX, 6 *vol. cart. et* 3 *vol. d'atlas*
pet. in-fol.

Voyage dans l'Amérique méridionale, par Depons. *Paris,* 1806, 3 *vol. cart.*

Voyage dans l'intérieur de la Louisiane, par
Robin. *Paris,* 1807, 3 *vol. cart.*

Voyage autour du Monde, par Turnbull. *Pa-*
ris, 1807, 1 *vol. cart.*

Voyage à la Cochinchine, par Barrow. *Paris,*
1807, 2 *vol. et atlas in-4. br.*

Tableau des découvertes dans le nord de l'Afrique. *Paris, an XII,* 2 *vol. dem. rel.*

Essai histor. sur l'Indoustan, par Legoux De-
flaix. *Paris,* 1807, 2 *vol. et atlas in-4. cart.*

Traité élément. d'Astronomie physique, par
Biot. *Paris,* 1805, 2 *vol. br.*

N° XXXI. 29 *vol. in-12. dont,*

Histoire des Aventuriers Flibustiers. *Trevoux,*
1775, 4 *vol. dem. rel.*

Voyage du P. Labat en Espagne et en Italie.
Paris, 1730, 8 *vol. v. m.*

B 4

Histoire naturelle de la Californie. *Paris*, 1766, 3 *vol. bas.*

Histoire de l'Amérique, trad. de l'anglois de Robertson. *Paris*, 1778, 4 *vol. v. m.*

Histoire de la conquête du Mexique, par Solis. *Paris*, 1774, 2 *vol. fig. v. m.*

Histoire de la conquête du Pérou, par Aug. de Zarate. *Paris*, 1775, 2 *vol. v. m.*

Voyage en Turquie et en Perse, par Otter. *Paris*, 1748, 2 *vol. v. m.*

N° XXXII. 13 *vol. in-12, et des Cartes géographiques, collées sur toile, dont,*

Voyages de Chardin en Perse. *Rouen*, 1723, 10 *vol. fig. v. b.*

Vingt cartes de la France, par Cassini, collées sur toile, et plusieurs renfermées dans des étuis.

Différentes autres cartes, dont : Carte de la Suisse par Jaillot, toutes collées sur toile.

N° XXXIII. 21 *vol. in-4. dont,*

Voyage aux sources du Nil, par Bruce. *Paris*, 1790, 6 *vol. fig. dem. rel.*

Observations histor. et géogr. sur les Peuples barbares qui ont habité les bords du Danube, par Peyssonnel. *Paris*, 1765, *in-4. v. éc.*

Essais sur les îles Fortunées, et l'antique Atlantide, par Bory de Saint-Vincent. *Paris, an* XI, 1 *vol. cart.*

p.

p.

Simonnet.

Brunaud.

Simonnet.

Le Clerc.

Reverlant

Brunaud.

p.

La Ritte

Le Tillier.

23 cartes
1 carte de Lillieux — — 2..50.
1 environ depais color. — 5..5

Zend avesta. Ye.

Sonnerat. 3 vol. m. de Sac.

relation. Ye.

p.

p.

p:

Brunaud.

p.

Brunello

Durand. Bou.

Ed la hais.

nod.

Le tellier

Zend-Avesta, trad. par Anquetil Du Perron.
Paris, 1771, 3 *vol. v. éc.*

Voyage aux Indes orientales et à la Chine, par
Sonnerat. *Paris*, 1782, 2 *vol. fig. v. éc.*

Voyage à la Nouvelle-Guinée, par le même.
Paris, 1776, 1 *vol. fig. v. m.*

Relation d'un voyage au Levant, par Tourne-
fort. *Paris*, 1717, 2 *vol. fig. v. m. Pap. Fin.*

Mœurs et usages des Turcs, par Guer. *Paris*,
1747, 2 *vol. fig. v. m.*

Voyage en retour de l'Inde par terre, par
Howell. *Paris, an v*, 1 *vol. bas.*

Description de l'Arabie, par Niebuhr. *Paris*,
1779, 1 *vol. fig. v. m.*

Description de l'Egypte, par Maillet. *Paris*,
1735, 1 *vol. fig. v. b.*

N° XXXIV. 25 *vol. in-4. dont,*

Voyage dans les mers de l'Inde, par Le Gentil.
Paris, 1779, 2 *vol. v. porph.*

Voyage aux Moluques et à la Nouvelle Guinée,
par Forrest. *Paris*, 1780, 1 *vol. v. m.*

Voyage au Sénégal, par Léon. Durand. *Paris*,
1802, 2 *vol. fig. cart.*

Voyage dans l'intérieur de l'Afrique, par Le
Vaillant. *Paris*, 1790, 1 *vol. fig. dem. rel.*

Voyage dans la mer du Nord, par Kerguelen.
Paris, 1771, 1 *vol. fig. v. éc.*

Voyage en Syrie et en Egypte, par M. Volney.
Paris, 1787, 2 *vol. fig. dem. rel.*

D. 29--95 Voyage dans les Alpes , par de Saussure. *Neuf-châtel* , 1779 , 4 *vol. fig. dem. rel.*

2--15. Découvertes des Russes, entre l'Asie et l'Amé-rique , par Coxe. *Paris* , 1781 , 1 *vol. fig. v. m.*

9-- Etat et Délices de la Suisse. *Neufchâtel* , 1778 , 2 *vol. fig. v. m.*

N° XXXV. 24 *vol. in-fol. et in-4. dont,*

16--5. Campagnes du maréchal de Turenne, pub. par de Beaurain. *Paris* , 1782 , 2 *vol. in-fol. fig.* cart.

28--55. L'art de vérifier les dates. *Paris* , 1770 , *in-fol. v. éc.*

25--95 Géographie des Grecs, et recherches sur la Géographie des Anciens, par M. Gossellin. *Paris* , 1790 , *et l'an VI, 3 vol. gr. in-4. fig.* cart.

21--5. Histoire physique de la Mer, par de Marsilli. *Amst.* 1725 , *in-fol. fig. m. r.*

D. 42--95. Géographie de Strabon , trad. du grec en fran-çois. *Paris* , 1805 , 2 *vol. in-4. cart.*

16--5. Voyage de Néarque , par Will. Vincent, trad. de l'angl. *Paris* , *l'an VIII , in-4. fig. cart.* Gr. Pap. *Vél.*

12--- Voyages de La Motraye en Europe , Asie , etc. *La Haye* , 1727 , 2 *vol. in-fol. fig. m. r.*

18--- Examen des anciens Historiens d'Alexandre , par de Sainte-Croix. *Paris* , 1804 , *in-4. fig.* cart.

7--95 Description nautique des côtes d'Angleterre et d'Irlande. *Paris* , *l'an XII , 5 vol. in-4. br.*

Noel.

Le clerc..

Simonnet.

Le tellier.

filliard.

m.ᵉ jardin

Harris ainé.

Le tellier.

Le clerc.

La Hitte

Dabin

Saussure m osmoza.

Strabon. ye, marr. 4

marque les tomes 22. 27. 36. il en faut 37 volumes

p.

p.

Duponcet.
Brunard.

Roland. Bar. Barr. 12^{h.}50^{c}

p.
gregoire

p.

noel.
Brunard.

theatre. Ins.

p.

p.

N° XXXVI. 42 *vol. in-12. dont,*

Œuvres de J. J. Rousseau. *Paris*, 1793, 34 *vol.* 39.
dem. rel.

Œuvres de Regnard. 1750, 4 *vol. v. m.* — — 4 - - 10.

N° XXXVII. 39 *vol. in-8. et in-12 dont,*

Œuvres de Thomas. *Paris*, 1773, 4 *vol. in-8.* 8.
v. m.

Œuvres de Racine. *Paris*, 1797, 4 *vol. in-8.* 13 - -70.
v. rac.

Roland furieux et Roland l'amoureux, trad. 13 - -95. *D.*
par de Tressan. *Paris*, 1780, 5 *vol. in-12. v. f.*

Œuvres de Saint - Evremond. *Amst.* 1739, 4.
7 *vol. in-12. v. m.*

Histoire de Port-Royal. *Amst.* 1755, 10 *vol.* 4.
in-12. v. f.

N° XXXVIII. 92 *vol. in-12.*

Œuvres de Voltaire. *Kehl, de la Société typo-* 162 - -10.
graph. 1785, 92 *vol. dem. rel. pap. à la croix.*

N° XXXIX. 27 *vol. in-12. dont,*

Œuvres choisies de Cervantes, trad. par Du- 10 - -50.
bournial. *Paris*, 1807, 8 *vol. cart.*

Œuvres de Molière. *Paris*, 1739, 8 *vol. fig. v. m.* 15 - -95

Théâtre de Marivaux. *Paris*, 1740, 5 *vol. v. m.* 10 - -5. *D.*

Clochette magique de Paracelse. *In-24. m. r.* 3.
Manuscrit sur papier.

L'Espion dans les cours des Princes chrétiens. 2 - -95.
Paris, 1710, 6 *vol. v. b.*

N° XL. 31 *vol. in-12. dont,*

12 - - -   Abrégé de l'Histoire de France, par Mezerai. *Amst.* 1740, 13 *vol. v. m.*

7 - 95   Annali di Geografia, da Giac. Graberg. *Genov.* 1802, 2 *vol. br.*

N° XLI. 35 *vol. in-12. dont,*

24 - - -   Histoire d'Angleterre, de Hume. *Amst.* 1765, 18 *vol. v. m.*

3 - 50   Histoire d'Ecosse, de Robertson. *Lond.* 1772, 3 *vol. v. m.*

2 - 25   La Vie de Philippe II, par Gregorio Leti. *Amst.* 1734, 6 *vol. v. b.*

3 - 5   Histoire de Gustave Adolphe. *Amst.* 1764, 4 *vol. v. m.*

N° XLII. 35 *vol. in-12. dont,*

11 - - - -   Mémoires de Sully. *Paris,* 1663, 8 *vol. v. f.*

65 - 95   Mémoires de Retz, Joly et Nemours. *Amst.* 1731, 7 *vol. v. j.*

15 - 95   Mémoires de Bassompierre. *Cologne,* 1665, 3 *vol. vél.*

7 - - -   Histoire de Malte, par de Vertot. *Paris,* 1778, 7 *vol. v. j.*

N° XLIII. 34 *vol. in-12. dont,*

3 - - - -   Histoire du règne de Louis XIV, par de Limiers. *Amst.* 1718, 10 *vol. v. b.* rel en 12 Vol.

4 - 5   Lettres pour servir d'éclaircissement à l'histoire militaire de Louis XIV. *Paris,* 1760, 8 *vol. v. éc.*

picrre.

Brunard.

p.

p.

Rozeran

Brunard.
pichard.

Serrean

p.
Suroine.

annali. Ins.

Retz. Ye.

Maffompierre. Bar. No
3 vol. tetme 2 etant partagé
en 2 parties.

histoire. Barr. 6ᵗ

La cretelle, Mong.

histoire. ins. m chirembault.

Ramron ainé.

Simonnet.

marchand

Crozet.

Dabin

Dabin

Brunard.

p.

pigoreau

Histoire du Traité de Westphalie. *Paris*, 1751, *4 -- 50*.
6 *vol. v. m.*

N° XLIV. 3o *vol. in-8. et in-12. dont,*

Histoire des guerres des Gaulois et des François *14 -- 95.*
en Italie, par Servan. *Paris*, 1805, 5 *tom. en*
7 *vol. in-8. et atlas in-fol. cart.*

Histoire de France, pendant le xviii° siècle, *12 -- 95.*
par M. La Cretelle. *Paris*, 1808, 3 *vol. in-8.*
cart.

Histoire générale de la Diplomatie française, *14 -- 95.*
par de Flassan. *Paris*, 1809, 6 *vol. in-8. cart.*

N° XLV. 14 *vol. in-4. et in-8. dont,*

Analyse complette du Moniteur. *Paris*, 1801, *16.*
5 *vol. in-4. br.*

Œuvres complettes de Winckelman. *Paris*, *9 -- 8.*
l'an 11, 2 *vol. in-4. br.*

Histoire de France, par M. Toulongeon. *Paris*, *2.*
1801, *in-4. br. le tome* 1er.

N° XLVI. 33 *vol. in-8. dont,*

Histoire de la Révolution de France, par Ber-
trand de Molleville. *Paris*, 1801, 10 *vol. v. rac.*

Bibliothèque académique, par Serieys. *Paris*, *14 -- 95.*
1810, 12 *vol. cart.*

Fêtes et Courtisannes de la Grèce. *Paris*, 1801, *15 - 5.*
4 *vol. dem. rel.*

Voyage à Canton, par Charpentier Cossigny. *3. 55.*
Paris, l'an vii, 1 *vol. dem. rel.*

N° XLVII. 33 *vol in-8. et in-12. dont,*

26.-50. Œuvres de madame Riccoboni. *Paris*, 1790, 8 *vol. in-8. bas. fig.*

17.-95 Histoire de l'ancienne Grèce, de Gillies, trad. par Carra. *Paris*, 1787, 6 *vol. in-8. dem. rel.*

2.--- Voyages en Europe et Asie, par Makintosh. *Paris*, 1786, 2 *vol. in-8. v. j.*

3.-95. Voyages en Sicile et à Malthe, trad. de l'anglois de Brydone, par M. Demeunier. *Paris*, 1775, 2 *vol. in-8. v. j.*

5.--- La Navigation du capitaine Martin Frobisher, ès régions de west et nord-west. 1578, *in-12. v. j.*

4.--- Les Caractères de Théophraste. *Paris*, 1740, 2 *vol. in-12. v. f.*

N° XLVIII. 30 *vol. in-8. dont,*

11.-50 Voyage littéraire de la Grèce, par Guys. *Paris*, 1783, 3 *vol. cart.*

14.-60 Voyage pittoresque en Angleterre, par Gilpin. *Paris, l'an v*, 2 *vol. dem. rel.*

7.-25 Voyage dans la Troade, par M. le Chevalier. *Paris, l'an VII*, 1 *vol. dem. rel.*
Mélanges historiques, satiriques, etc. par Jourdan. *Paris*, 1807, 3 *vol. cart.*

16.-50 Statistique de la France, par Herbin. *Paris*, 1805, 7 *vol. cart. et atlas 4°.*

31.--- Œuvres badines du comte de Caylus. *Paris*, 1787, 12 *vol. bas.*

gregoire

pigoreau
p.

Lahitte.

noel.

Letellier.

histoire. lus.

navigation. lus. Bou.

guys. ye.

gilpin. lus.

statistique. lus.

a trié un volume tout pourri, et d'autres mouillés

Synonymes. Ins.

Dabin

P.

Chaillou

pierre.

Brunard.

P -

gregoire

ivan aine.

Nozeran

Brunard.

Cailleau

Deschamps.

Nº XLIX. 40 *vol. in-12. dont,*

Les Caprices de la Fortune. *Paris*, 1786, 3 . —5 .
4 *vol. bas.*
L'Astrée, de d'Urfé. *Paris*, 1624, 13 *vol.* _ —4 - - 5 .
Lettres grecques d'Alciphron, trad. en françois. 3 - -95 .
Paris, 1785 , 3 *vol. bas.*
Essais de Montaigne. *La Haye,* 1727, 5 *vol. v. m.* 10 .

Nº L. 45 *vol. in-12. dont,*

Lettres de madame de Sévigné. *Paris,* 1801 , 16 . -95 .
10 *vol. dem. rel.*
Lettres de milady Montague. *Roterdam,* 1764, 3 - 25 .
3 *vol. v. j.*
Orlando furioso. *Parigi,* 1768, 4 *vol. v. porph.* 9 - -55 .
La Gerusalemme liberata. *Londra,* 1774, 2 *vol.* 3 . _ 55 .
v. j.
Les Epîtres familières de Cicéron, trad. par 2 - 50 . 9
Est. Dolet. *Paris,* 1547, 2 *vol. v. éc.*

Nº LI. 37 *vol. in-8. dont,*

Tableau de Paris, par Mercier. *Amst.* 1782 , 15 . - 5 .
12 *vol. v. m.*
Bibliothèque orientale , par d'Herbelot. *Paris,* 12 .
1781, 6 *vol. v. j.*
Lettres sur l'Egypte et sur la Grèce, par Sa- 6 - -55 .
vary. *Paris,* 1785, 4 *vol. v. rac.* 9 .
Synonymes françois, par Roubaud. *Paris,* 11 . - _ 9
1785, 4 *vol. dem. rel.*
Voyage en Grèce, par Bartholdy. *Paris,* 1807, 4 - -80 .
2 *vol. fig. cart.*

N° LII. 39 *vol. in-4. et in-8. dont,*

Répertoire du Théâtre françois. *Paris*, 1803, 23 *vol. in-8. fig. cart.*

Géographie moderne, par Pinkerton. *Paris,* 1804, 6 *vol. in-8. et atlas in-4. cart.*

Tacite, en lat. et en franç. trad. par Dureau de la Malle. *Paris,* 1808, 5 *vol. in-8. cart.*

N° LIII. 42 *vol. in-8. dont,*

Origine des Cultes, par Dupuis. *Paris, l'an III,* 12 *vol. v. porph. et atlas.*

Description de l'Indostan, par Rennell. *Paris,* 1800, 3 *vol. et atlas, dem. rel.*

Œuvres de Saint-Foix. *Paris,* 1778, 6 *vol. fig. bas.*

Anti Lucretius, aut. M. de Polignac. *Parisiis,* 1747, 1 *vol. v. m.* avec L'anti Lucrece 2 vol. v. m.

Elégies de Tibulle, trad. par Mirabeau. *Paris,* 1798, 3 *vol. v. porph.*

N° LIV. 40 *vol. in-8. dont,*

Œuvres choisies du comte de Tressan. *Evreux,* 1796, 12 *vol. bas.*

Jérusalem délivrée, trad. en françois. *Paris,* 1774, 2 *vol. fig. dem. rel.*

Lucrèce, en lat. et en françois, trad. par Le Blanc de Guillet. *Paris,* 1788, 2 *vol. fig. v. j.*

Mémoires de Marmontel. *Paris,* 1804, 4 *vol. cart.*

L'Enéide, en lat. et trad. en vers franç. par de Lille. *Paris,* 1804, 4 *vol. fig. dem. rel.*

truchy

Brunard.

pigoreau

Le tellier.

Martino

La Bitte

Le tellier.

Clairembault.

La Bitte.

Cordier.

truchy

le tome 1.er pourri.

œuvres. Clair.

repertoire. Duc. Clair.

tante. Ellee. Ins.

l'eneide, Bou.

Lettres. Barr. 16.f-50.c 1 volume pourri.

Brunard.

le tome 1.er tts pourri

Cordier

Cailleau

pigoreau

Voyage dans l'intérieur. 1.ns.

p.
La Hitte
Simonnet.
gregoire
Cailleau

Serreaux
La Hitte

Lettres d'Euler à une Princesse d'Allemagne. *Berne*, 1778, 3 *vol. bas.*

Voyage d'Anténor en Grèce, par Lantier. *Paris, l'an VI*, 3 *vol. dem. rel.*

N° LV. 34 *vol. in-8. dont,*

Voyage aux sources du Nil, par Bruce. *Paris,* 1790, 10 *vol. et atlas, dem. rel.*

Tableau historique de l'Europe, par M. de Ségur. *Paris,* 1803, 3 *vol. cart.*

Voyage autour du Monde, par Pagès. *Paris,* 1782, 2 *vol. v. m.*

Voyage dans l'intérieur de l'Amérique septentrionale, trad. de l'angl. *Paris,* 1793, 2 *vol. fig. cart.*

Voyage en Espagne, en 1777 et 1778. *Paris,* 1782, 2 *vol. bas.*

Mémoires sur l'Egypte. *Paris, de l'impr. de Didot, l'an VIII,* 4 *vol. dem. rel.*

Essai sur l'histoire des Mathématiques, par Bossut. *Paris,* 1802, 2 *vol. dem. rel.*

Histoire de l'Astronomie, par Bailly. *Paris,* 1805, 2 *vol. dem. rel.*

Mémoires de Duclos. *Paris,* 1791, 2 *vol. bas.*

N° LVI. 24 *vol. in-8. dont,*

Voyage autour du Monde, par Marchand. *Paris, l'an VI,* 5 *vol. cart.*

Lettres athéniennes, trad. de l'angl. par Villeterque. *Paris,* 1803, 3 *vol. dem. rel.*

2 - 40 . Voyage en Hongrie, par Benyowsky. *Paris,* 1791, 2 *vol. dem. rel.*

2 - 10 . Sagesse de Louis XVI. *Paris,* 1775, 2 *vol. v. m.*

4 - 5 Médecine perfective, par Millot. *Paris,* 1809, 2 *vol. cart.*

1 - 90 . Mémoires de Louis XIV. *Paris,* 1806, 2 *vol. cart.*

N° LVII. 41 *vol. in-12. dont,*

14 - 20 . Voyage en Italie, par de La Lande. *Paris,* 1769, 8 *vol. fig. v. m.*

14 - — Recueil de voyages au Nord. *Amst.* 1731, 10 *vol. v. m.*

10 - 40 . Les Amours de Psyché, par La Fontaine. *Paris,* 1797, 2 *vol. fig. v. rac. Pap. Vél.*

3 - - - Les Femmes, par M. de Ségur. *Paris,* 1803, 3 *vol. bas.*

4 - 60 . Variétés littéraires. *Paris,* 1770, 4 *vol. v. m.*

2 - - — Recueil de différentes choses, par de Lassay. *Lausanne,* 1756, 4 *vol. v. m.*

N° LVIII. 36 *vol. in-12. dont,*

10 - 75 . Œuvres de Molière. *Paris,* 1786, 8 *vol. pet. in-12. v. j.*

6 - - - Corinne, ou l'Italie, par madame de Staël. *Paris,* 1807, 3 *vol. cart.*

6 - 50 . Lettres de madame de Maintenon. *Paris,* 1806, 6 *vol. cart.*

4 - - — Œuvres de Piron. *Paris,* 1758, 3 *vol. v. m.*

5 - 30 . L'Ane d'or d'Apulée. *Paris,* 1707, 2 *vol. v. b.*

pigoreau
de la hais
gregoire
p.

pigoreau
truchy
p.
st jame
noel.
p

nozeran

pigoreau
l'dan

de la hais.
Le tellier.

Voyage. lns.

Isert. Ins.

Brunand.
p.
p.
Brunand.
1er jour.
p.
nozeran
p.
gregoire.
truchy

(35)

N° LIX. 39 *vol. in-12. dont*,

Analyse de Bayle. *Londres*, 1755, 8 *vol. m. r.*

Œuvres de J. B. Rousseau. *Amst.* 1734, 4 *vol. v. m.*

Histoire des Troubadours, par Millot. *Paris*, 1774, 3 *vol. v. m.*

Mémoires militaires de Noailles. *Paris*, 1777, 6 *vol. m. r.*

Horatius. *Birminghamiæ, Baskerville*, 1762, *m. r.*

N° LX. 34 *vol. in-8. dont*,

Paradis perdu, trad. en vers par de Lille. *Paris*, 1805, 3 *vol. cart.*

Voyage en Guinée, par Isert. *Paris*, 1793, 1 *vol. v. j.*

Voyage dans l'Amérique méridionale, par La Condamine. *Paris*, 1745, 1 *vol. v. m.*

Voyage en Italie, par Barthelemy. *Paris*, 1802, 1 *vol. v. rac.*

Abrégé de l'origine des Cultes, par Dupuis. *Paris, l'an VI*, 1 *vol. dem. rel.*

The rape of the Lock, a poem, by Pope. *London*, 1801, 1 *vol. fig. v. j.*

N° LXI. 43 *vol in-8. et in-12. dont*,

Voyage à l'ouest des Monts Alléganhys, par Michaux. *Paris*, 1804, *in-8. cart.*

Madame de Maintenon, par madame de Genlis. *Paris*, 1810, *in-8. cart.*

4 - - 10. Lettres Juives, par le marquis d'Argens. *La Haye*, 1738, 6 *vol. in*-12. *v. b.*

9 - - 5 Histoire du Théâtre françois, par Parfait. *Paris*, 1745, 15 *vol. in*-12. *v. b.*

N° LXII. 41 *vol. in*-12. *dont*,

4 - - - - Histoire de Charles vi, par mademoiselle de Lussan. *Paris*, 1753, 9 *vol. v. m.*

8 - - 5 . Le Théâtre anglois, avec le nouveau Théâtre anglois. *Londres*, 1746 *et* 1759, 10 *vol. v. f.*

1 - - 90. Histoire de la Danse sacrée et profane, par Bonnet. *Paris*, 1724, 1 *vol. v. b.*

2. 1 - - 50 Les Amours d'Ismène et d'Isménias, trad. du grec. *La Haye*, 1743, *in*-12. *fig. v. j.*

3 - - 60. Il Libro del Perche. *Parigi*, 1 *vol. m. r.*

N° LXIII. 41 *vol. pet. in*-12. *dont*,

5 - - - La sainte Bible, trad. en françois. *Cologne*, 1753, 6 *vol. bas.*

10 - - 5 Collection des Moralistes anciens. *Paris*, 1782, 12 *tom. rel. en* 6 *vol. v. porph. Pap. Com.*

8 - 95 - Taciti Opera. *Glasguæ*, 1753, 4 *vol. v. f.*

4 - - 50. Contes de Bocace. *Londres*, 1791, 10 *vol. dem. rel.*

10 - - 95 - Homeri Opera, gr. et lat. *Atrebati, Crispinus*, 4 *vol. v. f.*

N° LXIV. 55 *vol. in*-8. *et in*-12. *dont*,

11 - - 65 L'Improvisateur françois. *Paris*, 1804, 10 *vol. in*-12. *cart.*

p.
Crozet.

p

p.

p.

La ditte

p.
Brunaud.
idem

p.
gregoire

rogné a la lettre

Cordier.

Simonneau.

m de St Denis.

Le tellier.

Suroine.

Le tellier.

Dabin

gregoire.

Loiseau

payant

La bitte

p.

Mémoires de mademoiselle de Montpensier. *4--65* ·
Amst. 1730, 6 *vol. in-*12. *v. m.*

Histoire naturelle de la Femme, par Moreau. *7--95* ·
Paris, 1803 , 3 *vol. in-*8. *cart.*

Œuvres de Rabelais. *Amst.* 1711, 6 *tom. en* *6--45* ·
3 *vol. in-*12. *v. b.*

Lettres chinoises , par d'Argens.. *La Hâye,* *2--40* ·
1751, 5 *vol. in-*12. *v. m.*

Œuvres de Saint-Réal. *Paris*, 1757 , 8 *vol.* *5--20* ·
*in-*12. *v. m.*

N° LXV. 40 *vol. in-*12. *dont,*

Traité des Baromètres. *Amst.* 1707, 1 *vol. fig.* *2--50* ·
v. b.

Les Bucoliques de Virgile , trad. en vers par *2--60*
Tissot. *Paris*, 1808, *in-*12. *cart. Pap. Vél.*

Lettres de mesdames de Villars , la duchesse *4--60* ·
du Maine, etc. *Paris*, 1805 , 2 *vol. cart.*

Pensées de Cicéron , trad. par l'abbé d'Olivet.
Paris, 1744, 1 *vol. v. m.*   } *4l.-5* ·
Longi Pastoralia, de Daphnide et Chloe , gr.
et lat. *Hanoviæ,* 1605, 1 *vol. v. f.*

N° LXVI. 60 *vol. in-*8. *et in-*12. *dont,*

Œuvres de P. Corneille. *Paris,* 1758, 10 *vol.* *8--95* ·
*in-*12. *bas.*

Théâtre de Brueys et Palaprat. *Paris* , 1755 *4--95* ·
5 *vol. in-*12. *v. m.*

Métamorphoses d'Ovide, trad. en franç. par *4--5* ·
Banier. *Paris* , 1757, 3 *vol. in-*12. *v. m.*

5 - - - Mémoires de M. de Besenval. *Paris,* 1803, 3 *vol. in-8. bas.*

11 - - - Histoire de Charles-Quint , par Robertson. *Paris,* 1771 , 6 *vol. in-12. v. m.*

3 - - 85. Histoire des Femmes galantes de l'antiquité. *Amst.* 1745, 6 *vol. in-12. v. f.*

4 - -50 La Lusiade du Camoens , trad. en françois. *Amst.* 1735, 3 *vol. in-12. v. j.*

N° LXVII. 103 *vol. in-4. et in-12.*

83 - - 5 - Histoire et Mémoires de l'Académie des Inscriptions et Belles-Lettres. *La Haye,* 1718 , 101 *vol. dem. rel. et* 2 *vol. d'atlas.*

N° LXVIII. 152 *vol. in-12.*

50 - - - Histoire et Mémoires de l'Académie des Sciences. *Paris,* 1777, 152 *vol. fig.* v. m.

FIN.

Nozeran

Simonnet.

P.
La Bitte.

Dabin

Martin.

Les livres seront exposés dans l'ordre qui suit :

Première vacation , lundi 9 décembre 1811. – – *f* 737..45.

N°s 65, 66, 62, 63, 64, 59, 1, 2, 3, 21.

Seconde vacation , mardi 10. . – 907..10.

N°s 58, 60, 61, 55, 56, 57, 4, 5, 22, 32, 38.

Troisième vacation , mercredi 11. – – – . . – 928..70.

N°s 37, 51, 53, 54, 52, 31, 24, 6, 7, 12.

Quatrième vacation , jeudi 12. – – – – – 863..70

N°s 49, 50, 45, 47, 40, 36, 15, 19, 30, 8, 9, 10, 67, 68.

Cinquième vacation , vendredi 13. – – – – 1135..50

N°s 43, 42, 41, 46, 23, 26, 28, 33, 34, 35.

Sixième vacation , samedi 14. – – – – – 1327.00.

N°s 18, 44, 48, 13, 14, 16, 20, 29, 39, 11, 17, 25, 27.

f 5899.45.

www.ingramcontent.com/pod-product-compliance
Ingram Content Group UK Ltd.
Pitfield, Milton Keynes, MK11 3LW, UK
UKHW022053170726
13837UKWH00002B/928